AF449173

LOTUSLILLIES

Beate Passow

LOTUSLILLIES

Städtische Kunstsammlungen Augsburg,
Neue Galerie im Höhmannhaus

KEHRER

LOTUSLILLIES

Thomas Elsen

Im Jahr 2000 unternahm Beate Passow eine Reise in die Provinz Yunnan im Westen Chinas, um dort die letzte Generation von Chinesinnen mit eingebundenen Füßen, sogenannten Lotuslillies (lotus lilies), aufzusuchen. Dabei entstand eine Serie von Fotografien, die die Frauen in ihrer heimisch traditionellen Umgebung oder im »heutigen« China zeigen: am Swimmingpool, in der Hotellobby, beim T'ai Chi, am Billardtisch. Lotusfüße – so die verharmlosende Bezeichnung der durch das Einbinden verursachten Verkrüppelungen – galten in ihrer tausendjährigen Geschichte nicht als verstümmelt, der daraus resultierende Gang erschien vielmehr als erotisch besonders reizvoll. Der trippelnde Schritt stimulierte Männer zu zahllosen poetischen Ergüssen. So schrieb etwa Qu Siju, einer der hierdurch inspirierten Autoren: »Barbaren, die sich solchen Frauen hingeben, werden ihre grausame und harte Natur verlieren.« Erst 1949, im Zuge der im Jahr zuvor erfolgten kommunistischen Revolution durch Mao, wurde die Tortur des Bindens offiziell untersagt.

Beate Passows *Lotuslillies*-Fotografien führen Aspekte unterschiedlicher Ebenen dieses Phänomens zusammen. Zunächst und neben allen künstlerischen Implikationen dokumentiert ihre Arbeit auf authentische Weise eine gesellschaftshistorisch gewachsene Erscheinung kurz vor ihrem Verschwinden. Die von ihr fotografierten, heute hochbetagten Frauen durchlebten ihr gewaltsam herbeigeführtes Schicksal, wie Generationen anderer Frauen zuvor, von klein auf. Schon im Alter von vier Jahren wickelten Mütter ihren Töchtern die Füße, brachen den kleinen Mädchen dabei die Zehen und verursachten ihnen furchtbare Schmerzen, um sie noch während des Wachstums untauglich für körperliche Arbeit, vor allem auf dem Feld, zu machen. Der Mann wiederum konnte durch die kleinen Füße seiner

Gattin seinen Wohlstand signalisieren und zeigen, daß er genug verdiente, um sie nicht arbeiten lassen zu müssen. So wurden die kleinen Füße der Frau zu einem hervorstechenden Statussymbol und damit zur Garantie für Heirat, Wohlstand und Familie.

Immer wieder hat Beate Passow in ihrem künstlerischen Werk »den Finger an die Wunden der Erinnerung gelegt«, wie Helmut Friedel es nannte, und sicher ist dies eine Charakterisierung, die auch für ihre *Lotuslillies* zutrifft. Dennoch ist hier eine neue Qualität zu beobachten. In vorangegangenen Arbeiten wie *Zähler/Nenner* (1995/98), *Rahmenbedingungen* (1997) oder *Bundesbrüder* (2001), allesamt Fotoserien, die physische und politische Gewalt, Unterdrückung und Verdumpfung thematisieren, haben wir es mit einer bewußt formalistischen Ästhetik zu tun, deren Präsentationsform durchaus als künstlerische Analogie zum stereotypen Auftreten der in den Werken jeweils behandelten Phänomene gelesen werden kann. In *Lotuslillies* ist dies anders. Hier läßt Beate Passow die vorgefundene Situation und das Verhalten der aufgesuchten Personen ihren eigenen Erzählrhythmus aufbauen; einen Rhythmus, der nicht stakkatoartig, sondern in weichen Schwüngen verläuft, und dessen Bildsprache von sanfter, aber deutlich wahrnehmbarer Variabilität geprägt ist. Angesichts der Diffizilität des hier behandelten Themas zeigt uns die Künstlerin Überraschendes: Nicht von Pein und Kummer unterdrückte Opfer, nicht einmal die Spuren oder Resultate vergangener, ihnen zugefügter Gewalt stehen im visuellen Mittelpunkt der Fotografien (Bilder der nackten Füße wurden von Beate Passow als reine Dokumentationsfotos aus dem Zyklus der künstlerischen Fotografien ausgesondert). Zentral und um so nachhaltiger wirken auf den Betrachter dafür in sich selbst ruhende Menschen. Alte Frauen in ihrer ganzen Würde, ihrem Stolz, ja einer personalen Aura, in welcher sie sich ihrer privilegierten Stellung und ehemals erotischen Ausstrahlung sehr bewußt zu sein scheinen. Was in den *Lotuslillies*-Fotografien überwiegt, ist bei aller Ruhe der Bildsprache die ausgesprochen lustvolle Intensität, die die gezeigten Personen selbst ausstrahlen – und die nicht weniger lustvolle künstlerische Intensität, mit der Beate Passow imstande ist, kraftvoll und zugleich spielerisch darauf zu reagieren. Ganz offensichtlich hat sie ihre Modelle weder porträtiert, um aus der Perspektive westlicher Moral heraus ein Urteil über Unmenschliches einer uns immer noch fremden Kultur zu fällen, noch um motivischem Exotismus in der Sphäre des Ästhetischen zu huldigen. *Lotuslillies* ist vielmehr das Resultat objektiver Beobachtung eines soziokulturellen Phänomens in Verbindung mit dem klaren Bewußtsein des subjektiven Anteils im eigenen Blick: eines künstlerischen Blicks, der die Kraft des ästhetischen Reizes aus der konkreten Situation abschöpft.

Dieser ästhetische Reiz ist stark. Und er fügt sich aus mehreren Faktoren zusammen: aus einer nuanciert kraftvollen Wertigkeit der Farbe, die in den Fotografien fast malerisch, niemals jedoch zufällig erscheint, aus bisweilen stillebenhaften Arrangements, vor allem und maßgeblich aber aus dem Mittel der künstlerischen Inszenierung als einem bewußt eingesetzten Kompositionselement. Verifizierbare Sujets der europäischen Kunstgeschichte werden dabei ironisch zitiert, wenn etwa in einem Foto eine Frau auf den Betrachter zuläuft, als sei sie ein Akt, die Treppe herabschreitend, oder wenn in anders komponierten Fotografien das klassische Motiv der auf einem Diwan lagernden Verführerin aufgegriffen wird. In ihrer eigentlichen Bedeutung sind es jedoch nicht die bekannten Sujets selbst, die hier inszeniert werden, sondern es ist das Zitieren der Inszenierung als Prinzip, das als Hinweis auf ein interkulturelles Phänomen erscheint. Die inszenatorische Substanz liegt letztlich weniger in der Person als in der jeweiligen Situation, in der sie agiert. Die subtile und zugleich humorvolle Wirkung der daraus sich ergebenden Bildsprache beruht auf dem Ineinanderblenden ikonographischer Topoi der unterschiedlichen Kulturen, das Beate Passow durchaus augenzwinkernd vollzieht. Auch deshalb wirken ihre *Lotuslillies*-Fotografien an keiner Stelle nüchtern, aus einer Position reiner Neutralität heraus, sondern immer Anteil nehmend. Dies an sich ist nicht neu, in der hier auftretenden Eindringlichkeit aber eine durchaus neue Wendung in ihrer Arbeit. Bei all dem ist dennoch stets auch eine gewisse Spontaneität der Porträtierten als »handelnder« Akteure spürbar, eine Stimmung des Augenblicks, die mitschwingt. Die Synthese dieser Bildfaktoren produziert eine humane Dimension, die auf dem Respekt vor dem Auftritt, der persönlichen Ausstrahlung und Geschichte der einzelnen beruht. Und genau sie macht diese Form inszenierter Fotografie so überraschend unkünstlich.

Schaut man auf die »politische« Relevanz insgesamt, der in der kritischen Würdigung des Werkes von Beate Passow bislang die größte Aufmerksamkeit gewidmet wurde (auch wenn der Begriff des Politischen selbst dabei nicht immer vordergründig in Erscheinung trat), so ergeben sich, wie eingangs erwähnt, auch bei den *Lotuslillies* Offensichtlichkeiten. Doch gerade im Hinblick auf diese Arbeit wäre die Sicht verengt, würde man Beate Passows Kunst ausschließlich unter jenem Aspekt zu fassen versuchen. Die Qualität, die nun ausgeflossen ist, ist in einem hohen Maß sinnlich. Doch ist und bleibt die Künstlerin zu sehr präzise Phänomenologin, als daß die scheinbar motivische Leichtfüßigkeit, die *Lotuslillies* prägt, einer Gefahr vordergründiger Ästhetisierung unterliegen könnte. Beate Passow relativiert oder verhübscht nichts, entwirft jedoch auch keine moralisierende Zeigefinger-Ästhetik. Der Widerspruch der Aspekte von Unterdrückung und Selbstbewußtsein, der in den von ihr porträtierten Frauen symbolhaft und tatsächlich zusammenfällt, wird nicht zum Gegenstand eines künstlerisch aufbereiteten ethischen Kommentars, die von ihr fotografierten Personen eher zum Synonym abgeklärter Selbst-Distanz. Dies mag, zieht man die bisherige Rezeption der künstlerischen Arbeit Beate Passows heran, politisch nicht korrekt klingen. Doch spricht es aus *Lotuslillies* in einer Klarheit und vitalen Frische, der sich wohl kaum ein Betrachter entziehen kann.

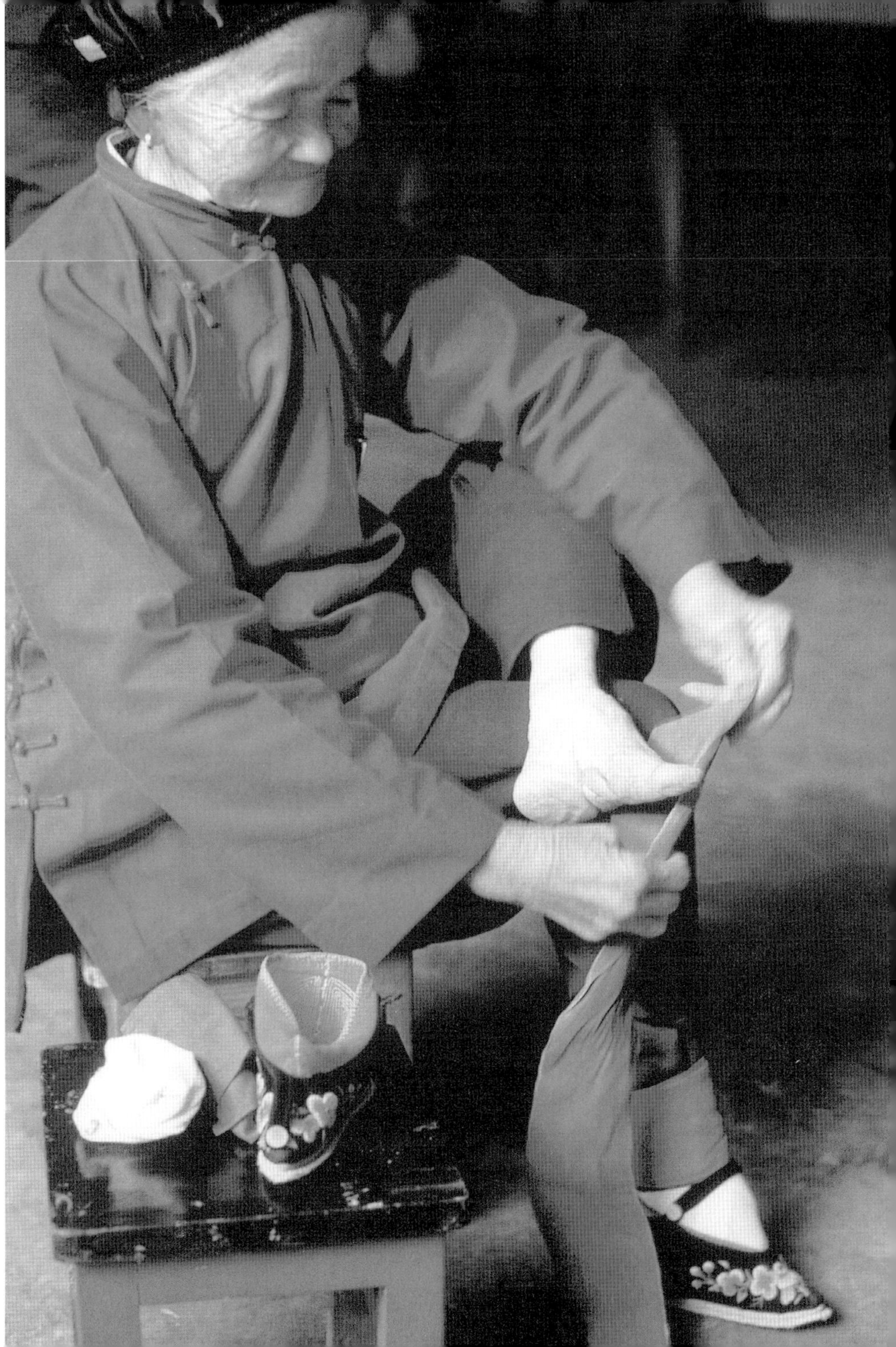

LOTUSLILLIES

Thomas Elsen

In the year 2000, Beate Passow took a trip in the province of Yunan in western China to visit the last generation of Chinese with bound feet, called lotuslillies (lotus lilies). She took a series of photographs showing the women in their traditional home surroundings or in »today's« China: at the swimming pool, in the hotel lobby, doing t'ai chi, or at the billiard table. During their 1000-year history, lotus feet – the term that makes the cripplings caused by the binding sound harmless – were not regarded as maiming: the gait resulting from them was, instead, regarded as particularly erotic. The mincing step stimulated men to countless poetic outpourings. For example, Qu Siju, one of the authors thus inspired, wrote: »Barbarians that give themselves to such women will lose their cruel, hard nature.« Not until 1949, in the wake of the success of Mao's communist revolution the year before, was the torture of foot-binding officially banned.

Beate Passow's *Lotuslillies* photographs bring aspects of different levels of this phenomenon together. First, and in addition to all artistic implications, her work authentically documents a social-historically grown custom shortly before its disappearance. The women whom she photographs, now greatly aged, lived their violence-induced destiny from an early age, like generations of other women before them. Mothers bound their 4-year-old daughters' feet, thereby breaking the little girls' toes and inflicting terrible pain on them, all to make them unfit for physical labor, especially in the fields, while they grew up. A husband, in turn, could use the small feet of his wife to signal his affluence and show that he earned enough money to make it unnecessary for her to work. In this way, the woman's small feet became a conspicuous status symbol and thus a guarantee of marriage, affluence, and family.

Again and again in her artistic work, Beate Passow has put »her finger on the wounds of memory«, as Helmut Friedel expressed it, and certainly, this characterization applies to her *Lotuslillies* as well. But here a new quality can be observed. In prior works like *Numerator/Denominator* (1995/98), *Framework Conditions* (1997), and *Pact Brothers* (2001) – all photo series that thematize physical and political violence, oppression, and dulling of sensibility – we are dealing with a consciously formalistic aesthetic whose presentation form can clearly be read as an artistic analogy to the stereotypical appearance of the phenomena addressed in the respective works. Things are different in *Lotuslillies*. Here, Beate Passow allows the found situation and the behavior of the visited persons to build their own rhythm of narration: a rhythm not staccato, but proceeding in soft swings, and whose pictorial language is marked by soft, but clearly perceptible variability. Considering the delicacy of the topic treated here, the artist offers us some surprises: the photographs' visual focus is not on victims oppressed by pain and care, not even on the traces or

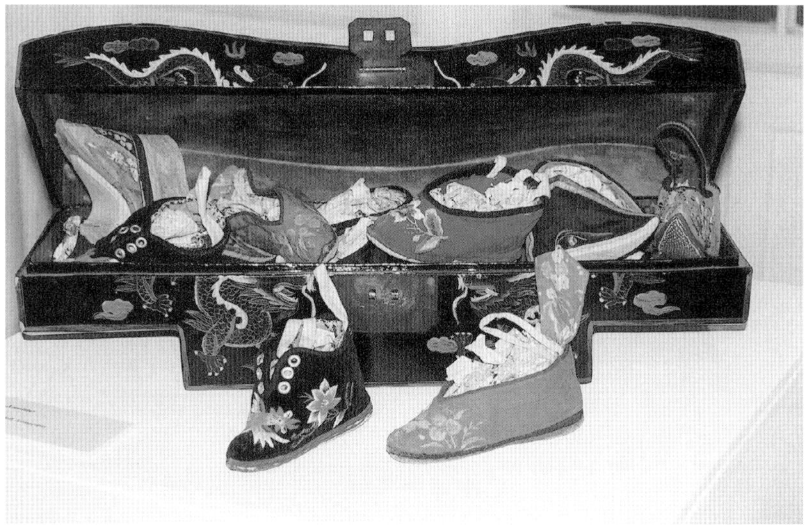

results of violence inflicted on them in the past. (Beate Passow has separated the purely documentary photos of naked feet from the series of artistic photos.) The people, at ease in themselves, become central and all the more enduringly affecting to the viewer: old women in all their dignity, their pride, and, yes, their personal aura, in which they seem to be very conscious of their privileged position and their former erotic effect. What predominates in the *Lotuslillies* photographs, despite all the calmness of the pictorial language, is the downright lusty intensity that the depicted persons radiate – and the no less lusty artistic intensity with which Beate Passow is able to respond powerfully and simultaneously playfully. It is quite apparent that her portraits of her models intend neither to pass judgment, from the perspective of Western morality, on the inhumanity of a culture we still experience as alien, nor to pay tribute to exotic motifs in the sphere of the aesthetic. *Lotuslillies* is, rather, the result of the objective observation of a socio-cultural phenomenon in connection with a clear awareness of the subjective component in one's own glance: an artistic glance that extracts the power of the aesthetic stimulus from the concrete situation.

This aesthetic stimulus is strong. And it is composed of several factors: a nuanced, powerful range of color values, which seems almost painterly in the photographs, but never random; occasional arrangements reminiscent of still lifes; but above all the means of artistic staging as a consciously employed element of composition. Verifiable subjects from European art history are thereby ironically cited, for example when in one photo a woman walks toward the viewer as if she were a nude descending a stairway, or when photographs, variously composed, take up the classical motif of the odalisque, the seductress lying on a divan. But in their real meaning, it is not the familiar subjects themselves that are staged here, but the principle of the citing of staging, a principle that appears as an indication of an intercultural phenomenon. Ultimately, the staging substance lies less in the person than in the respective situation in which that person acts. The subtle and at the same time humorous effect of the pictorial language resulting from this is based on the melding of iconographic themes from different cultures, which Beate Passow stages with a twinkle in her eye. For this reason, too, her *Lotuslillies* photographs never seem sober or taken from a position of pure neutrality; they always empathize. In itself, this is not new, but in the intensity that arises here, it is clearly a new turn in her work. Despite all of this, we still sense a certain spontaneity of the portrayed person as »actor«, a momentary mood that permeates the atmosphere. The synthesis of these pictorial factors creates a humane dimension based on respect for the performance, the personal aura, and the history of the individual. And precisely this synthesis makes this kind of staged photography so surprisingly unartificial.

If we consider the total »political« relevance – the aspect that has drawn the most attention in critical evaluation of Beate Passow's works so far (even if the term »political« itself does not always appear in the foreground) – then, as mentioned at the outset, some things become obvious in the *Lotuslillies*. But precisely in regard to this work, we would be narrowing our gaze if we tried to grasp Beate Passow's art exclusively in these terms. The quality that has now flowed out is extremely sensual. But the artist is and remains far too precise a phenomenologist for the apparent motific lightness that characterizes *Lotuslillies* to fall prey to the danger of superficial aestheticization. Beate Passow does not relativize or prettify anything, but neither does she design a moralizing aesthetic of wagging fingers. The contradiction between the aspects of oppression and self-confidence that symbolically and concretely fuse in the women she portrays does not become the object of an artistically-processed ethical commentary; rather, the persons she photographs become a synonym for serene distance to oneself. If one draws on the prior reception of Beate Passow's artistic work, this may not sound politically correct. But it speaks from *Lotuslillies* with a clarity and vital freshness that hardly any viewer can resist.

LOTUSLILLIES

Auswahl aus einer Serie von 40 Fotografien auf Cibachrome, 2000
Selection from a series of 40 photographs on cibachrome, 2000

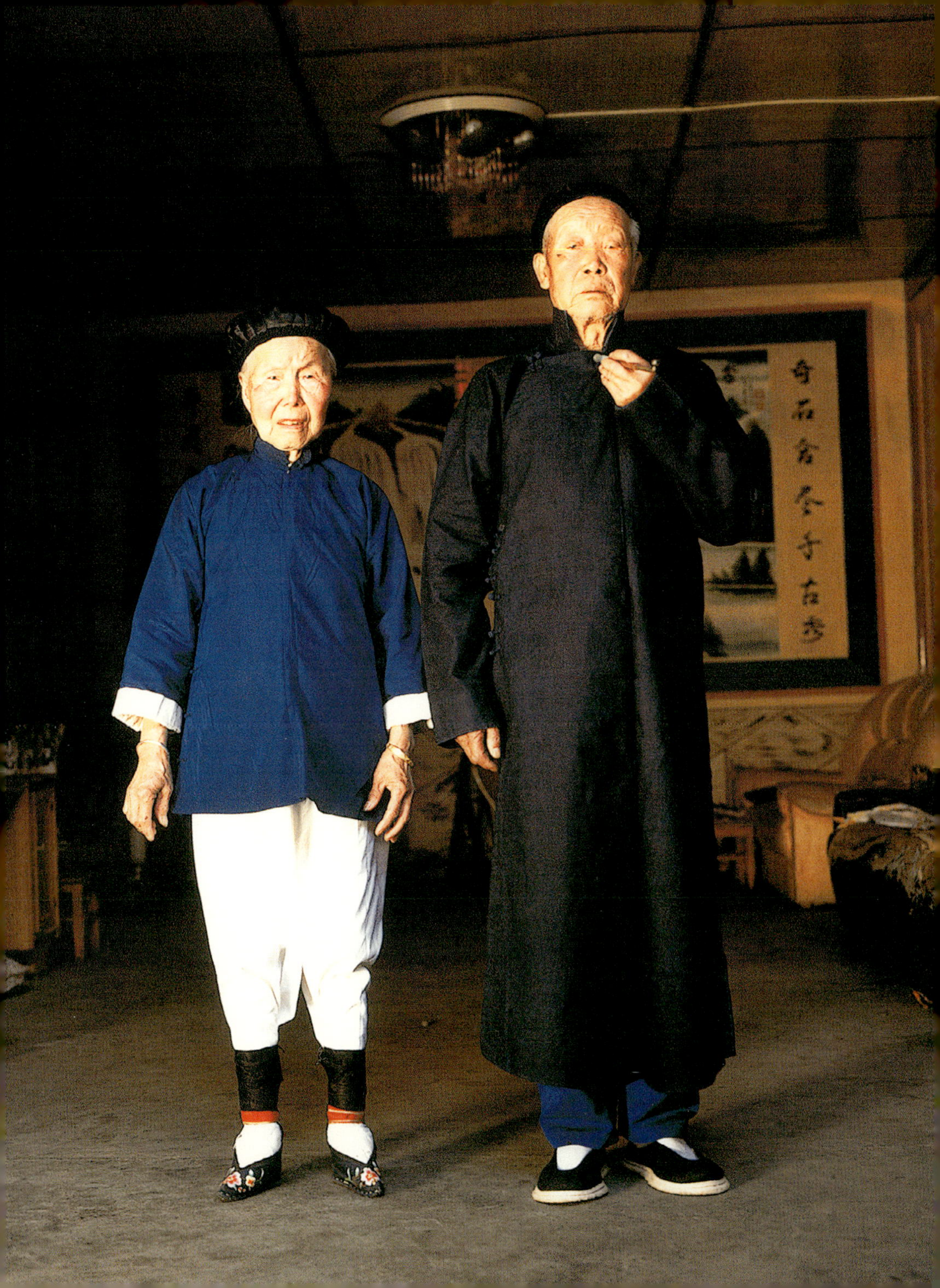

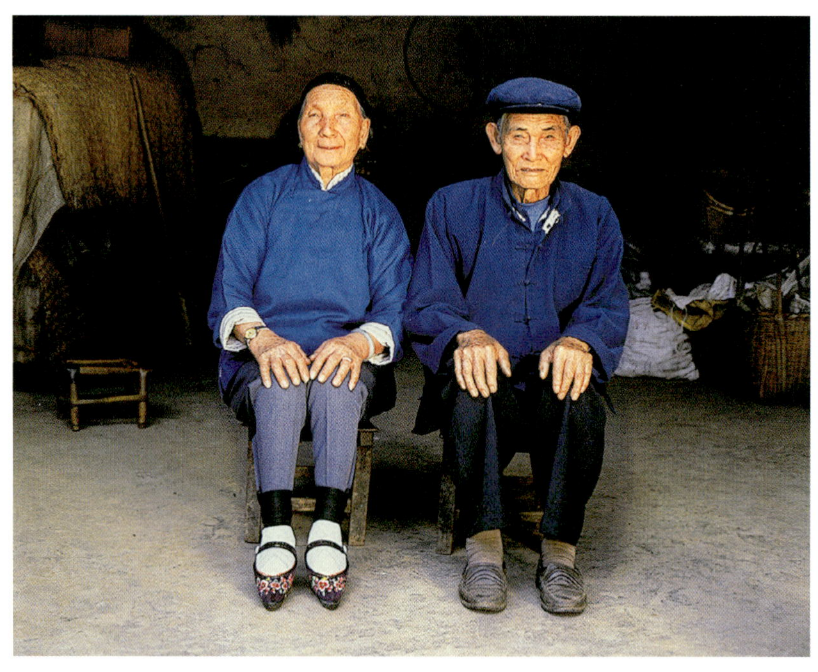

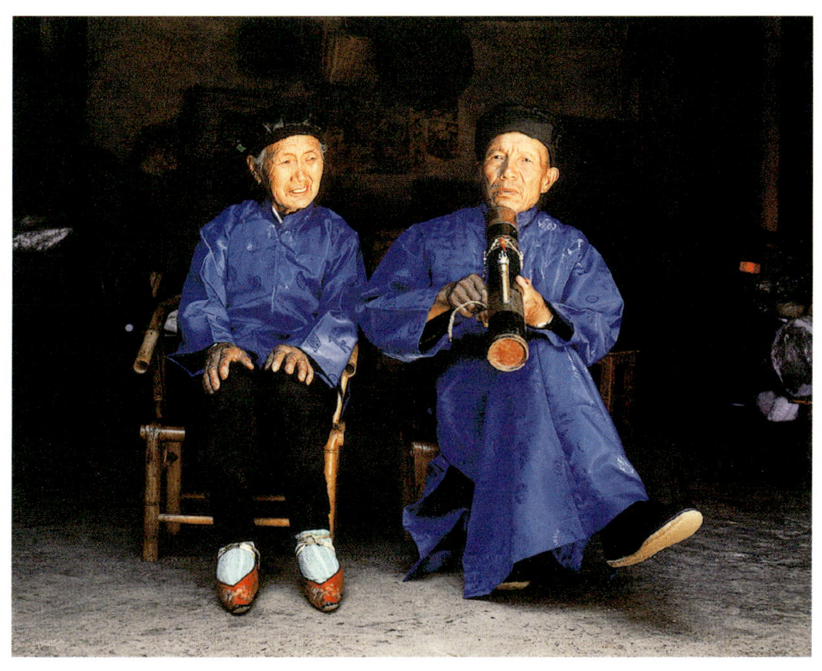

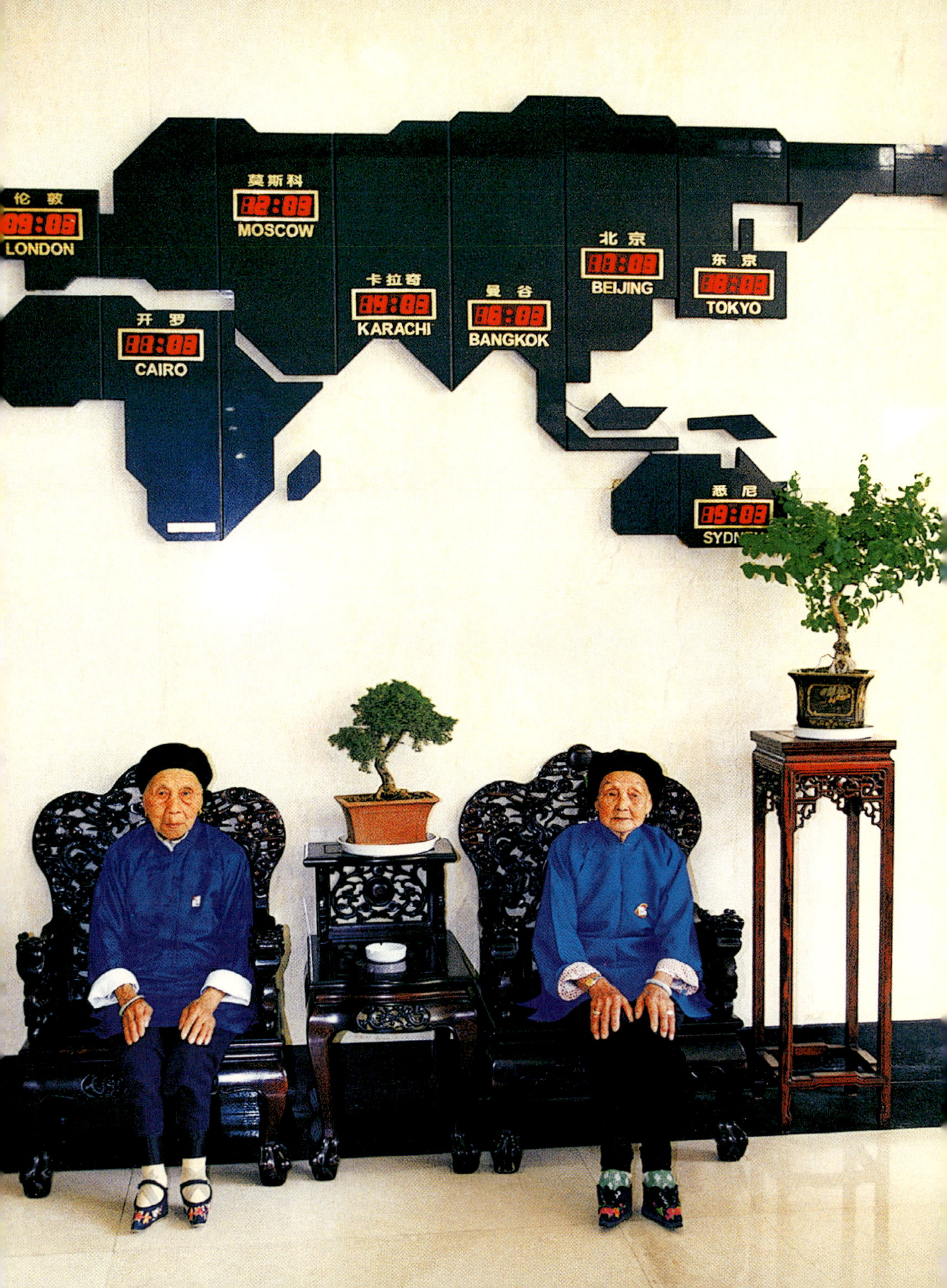

伦敦
09:03
LONDON
莫斯科
32:03
MOSCOW
开罗
11:03
CAIRO
卡拉奇
11:03
KARACHI
曼谷
11:03
BANGKOK
北京
11:03
BEIJING
东京
11:03
TOKYO
悉尼
09:03
SYDNEY

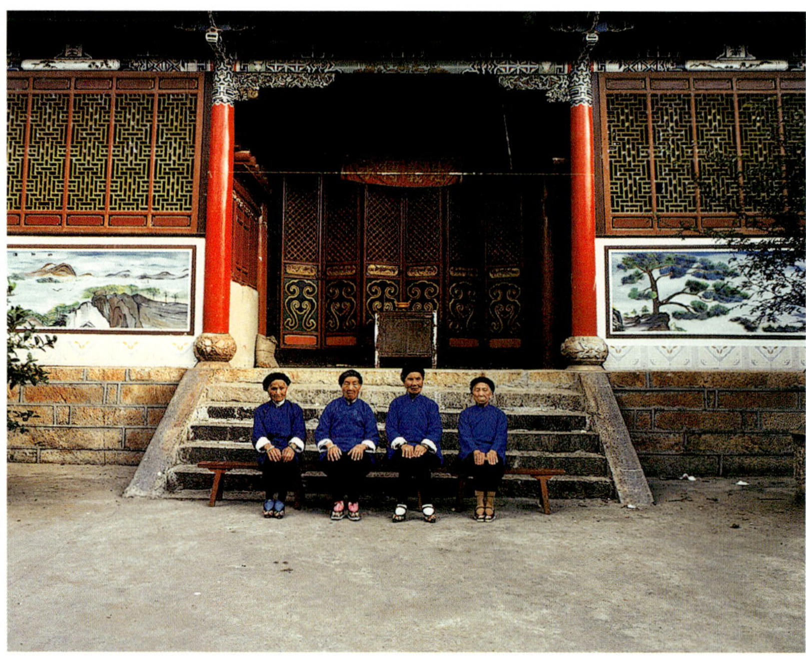

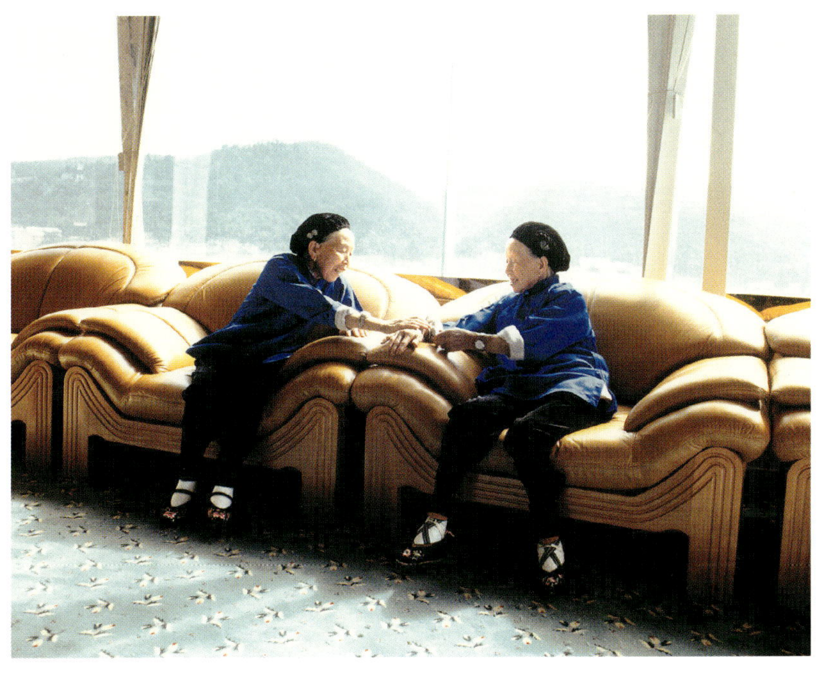

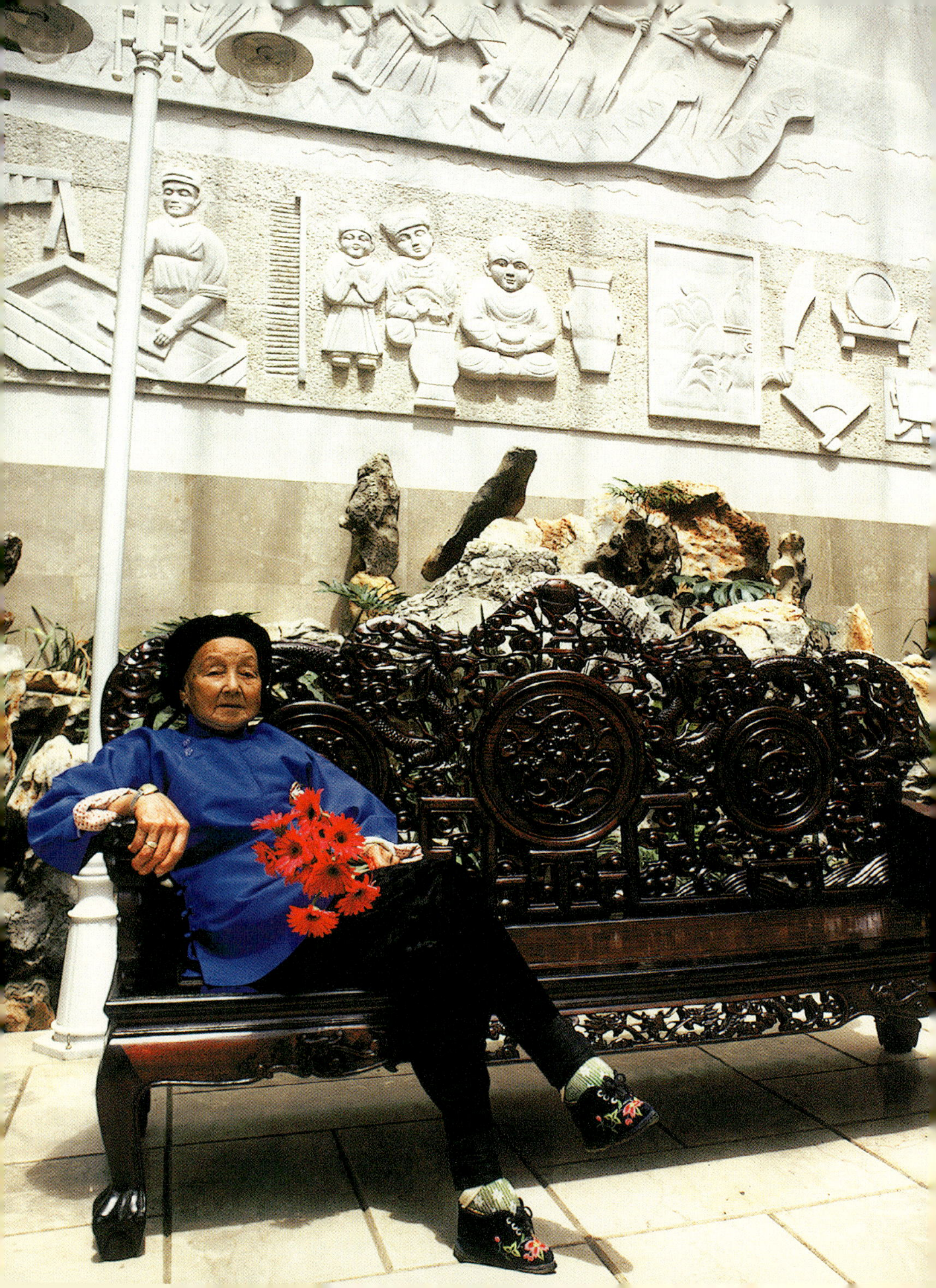

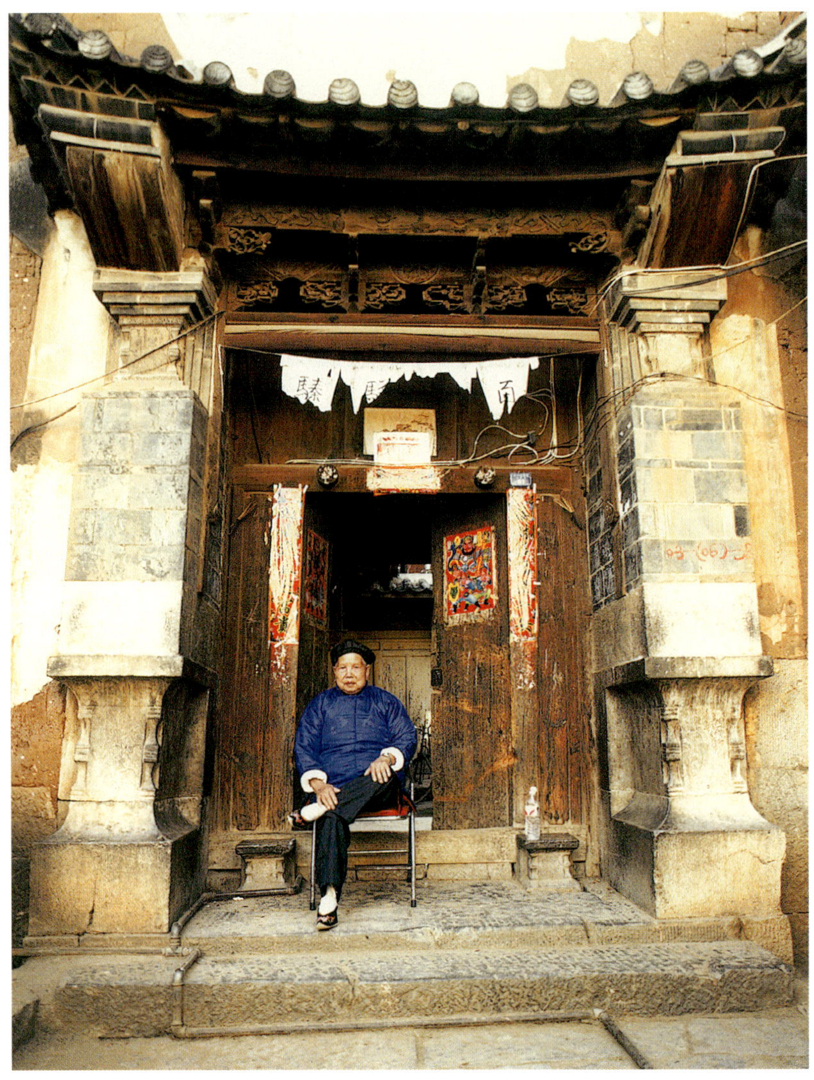

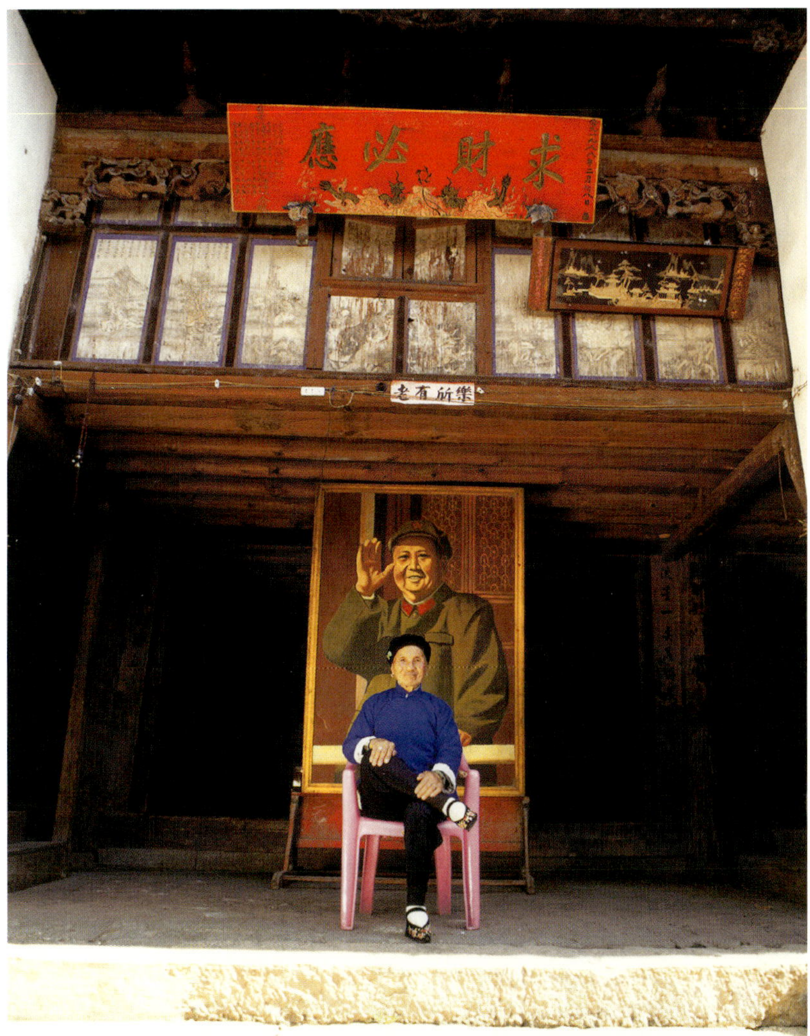

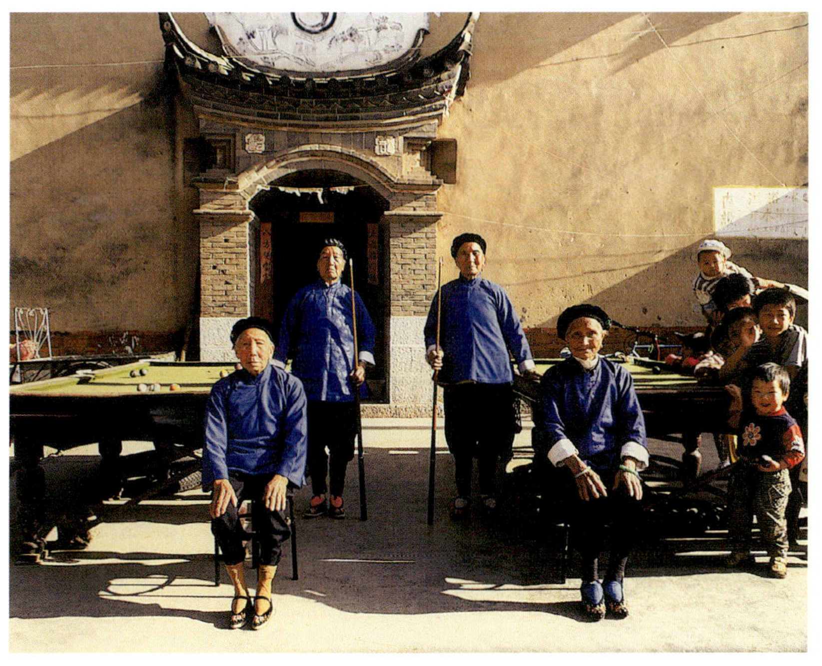

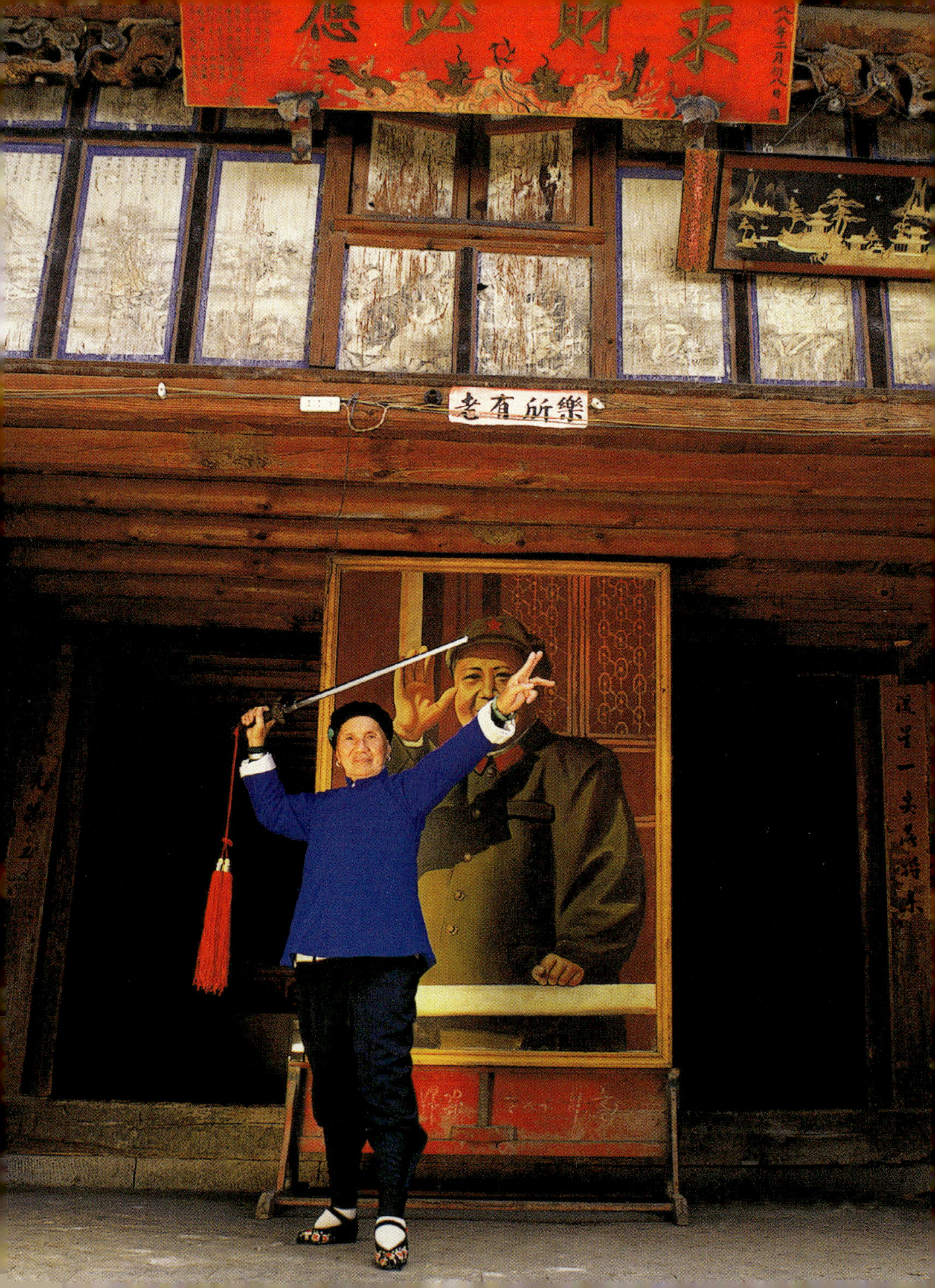
來財必恕
老有所樂

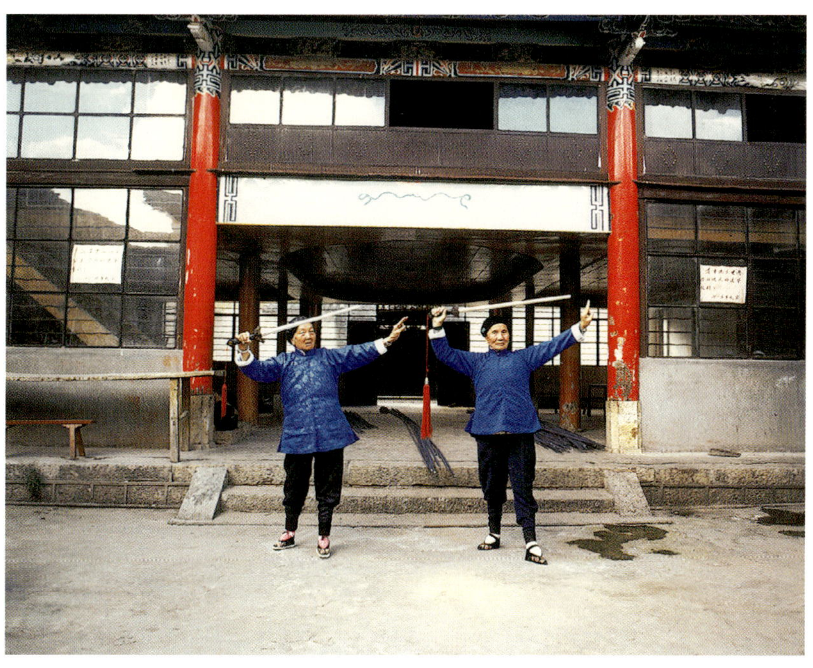

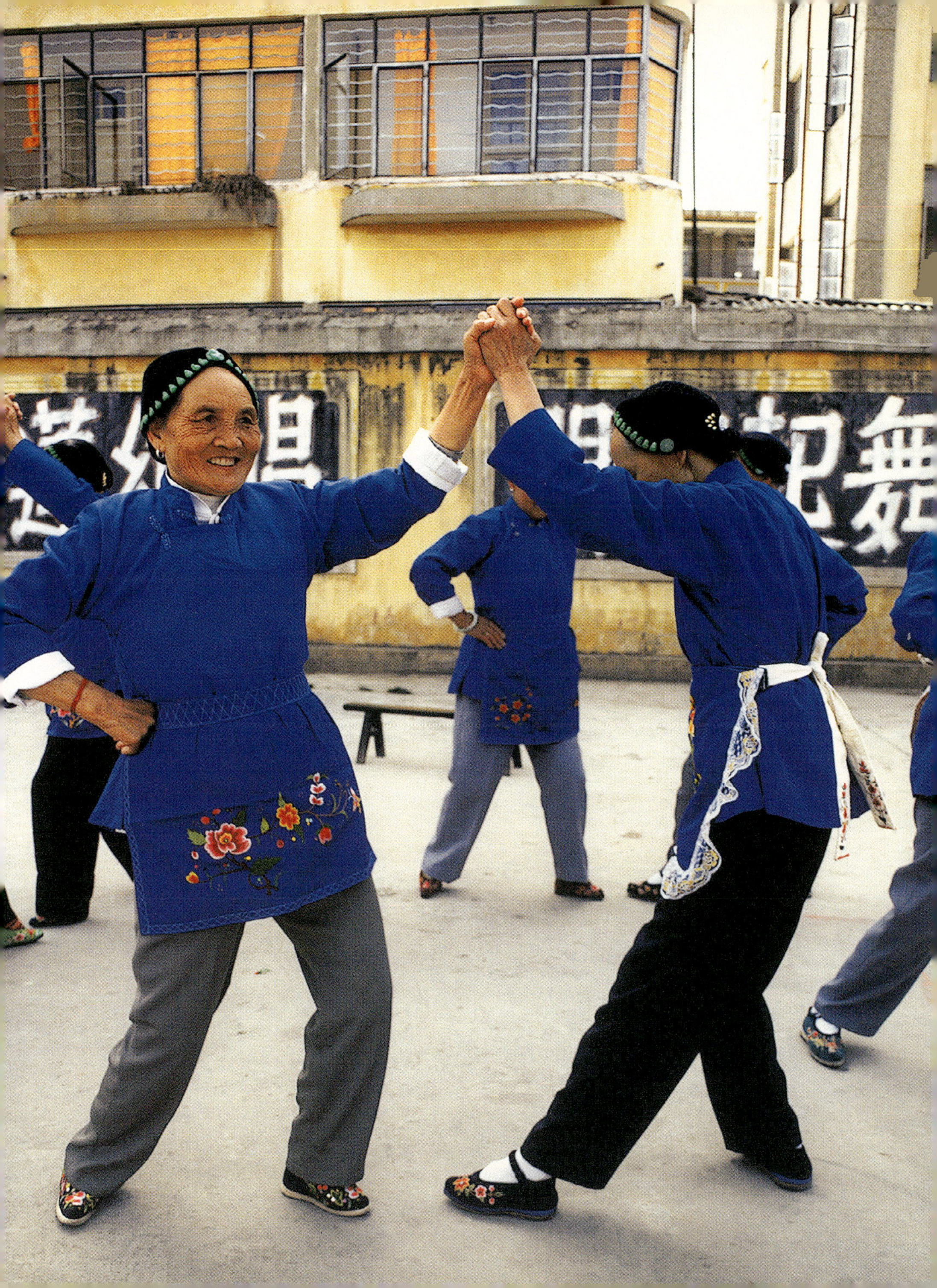

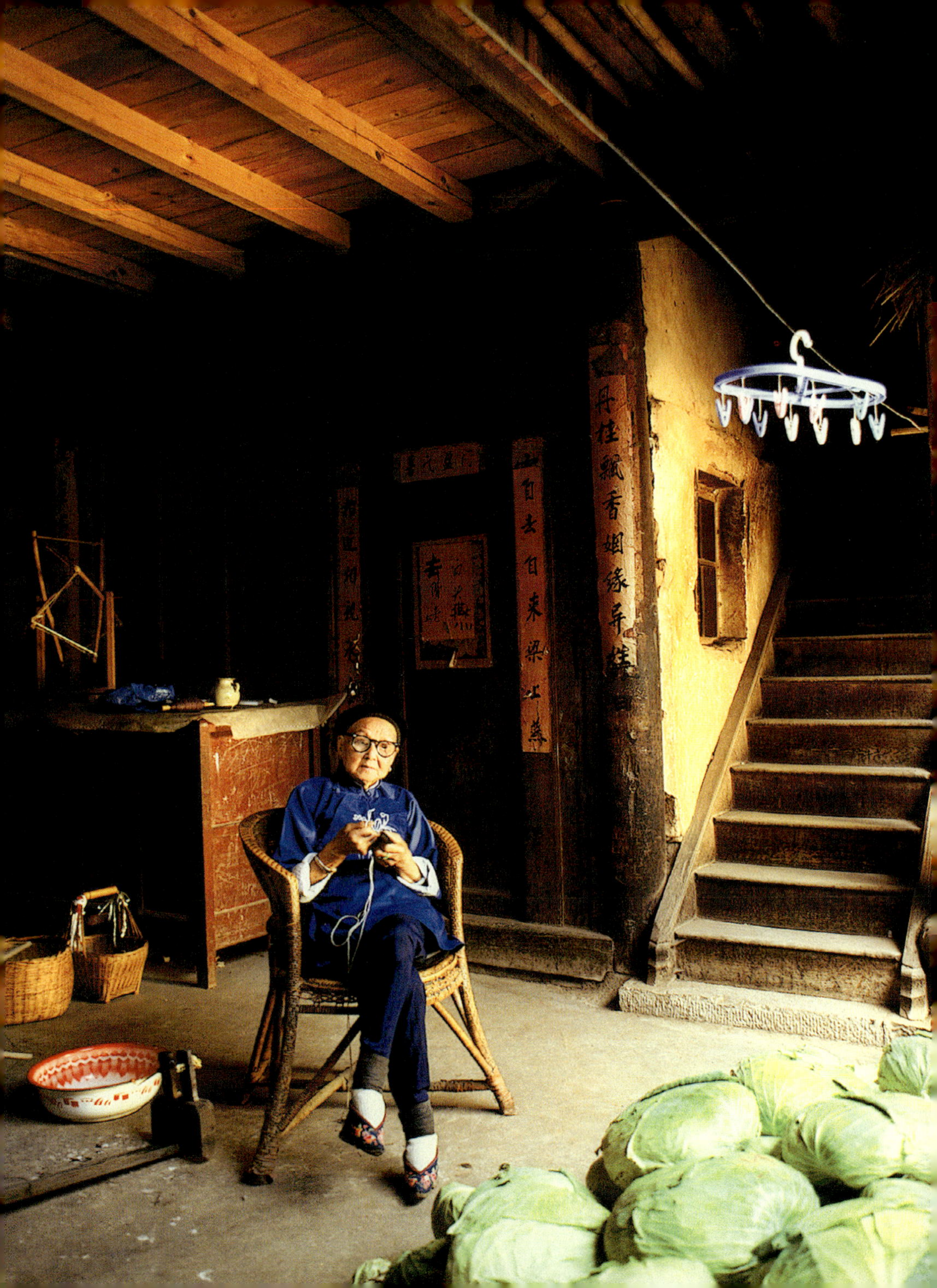

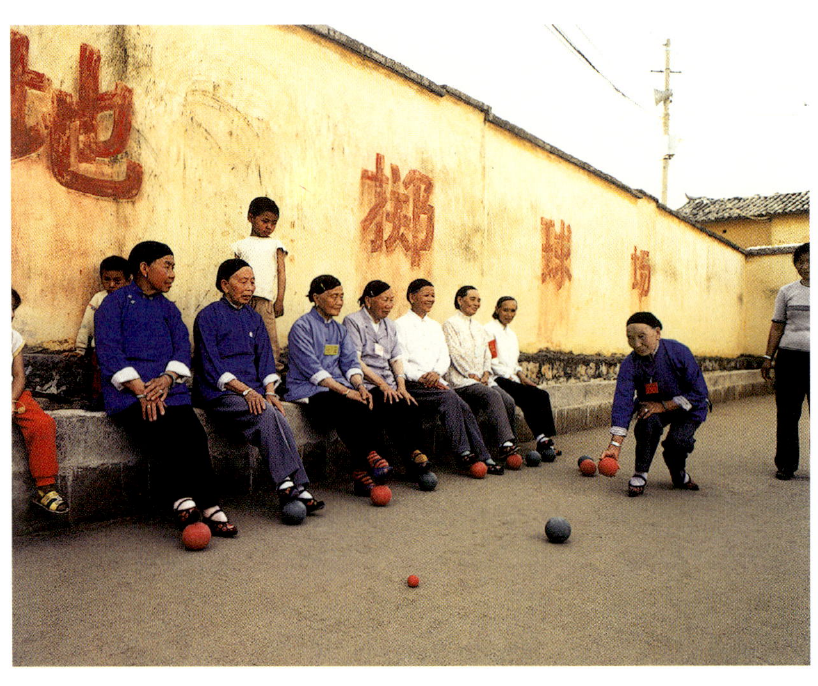

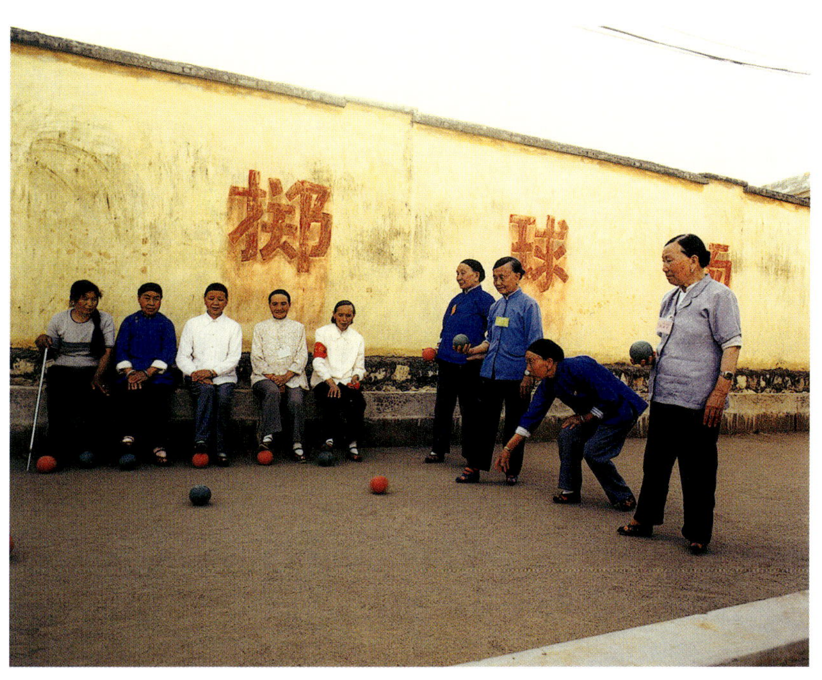

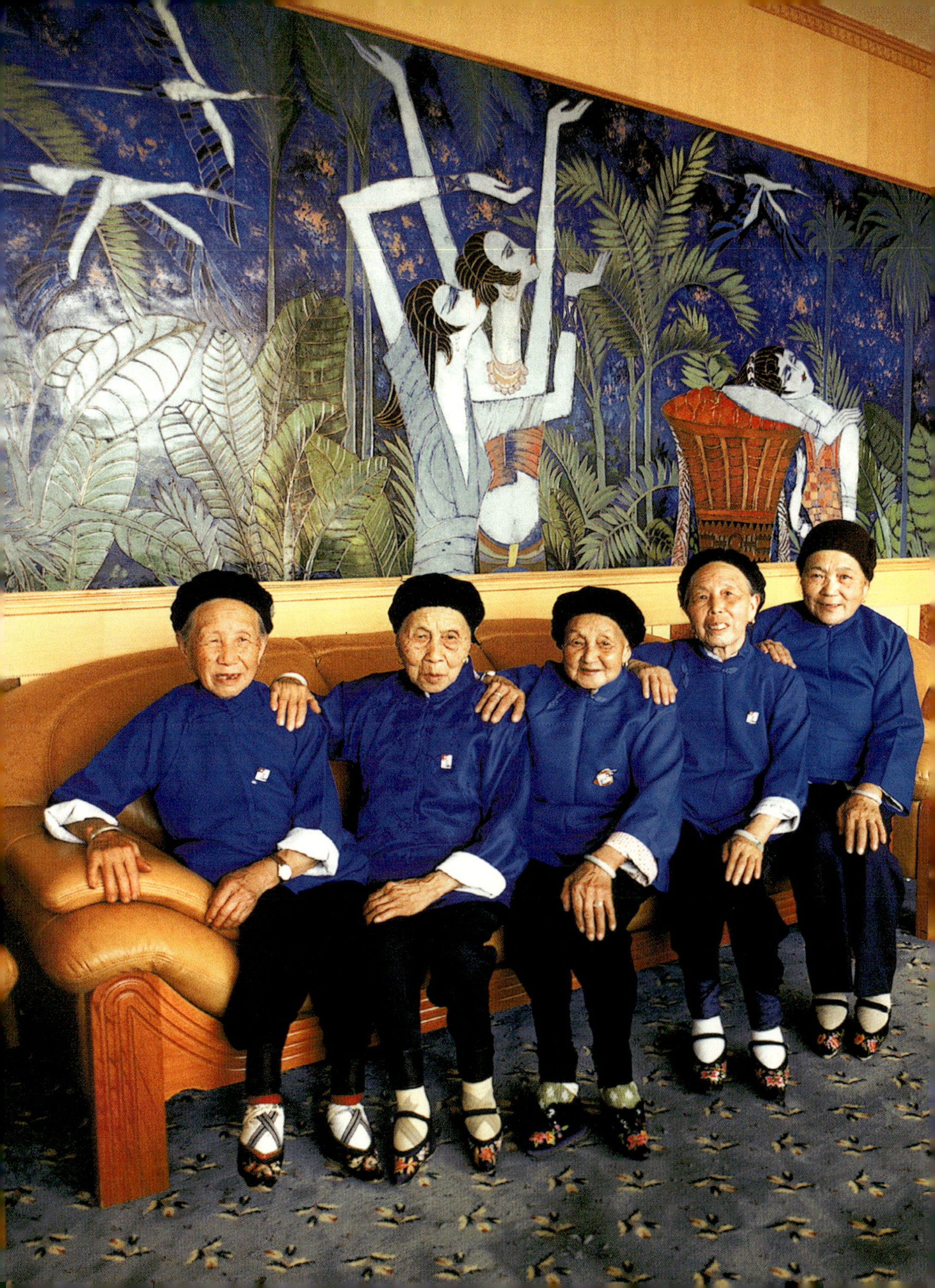

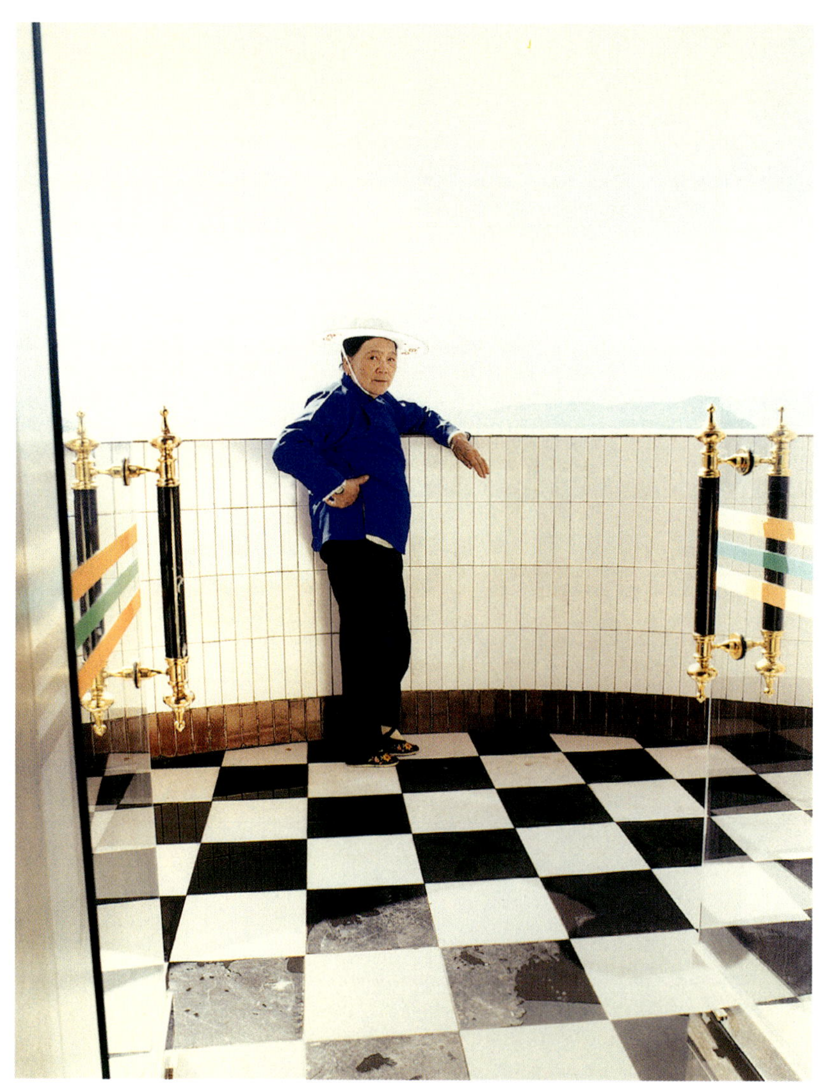

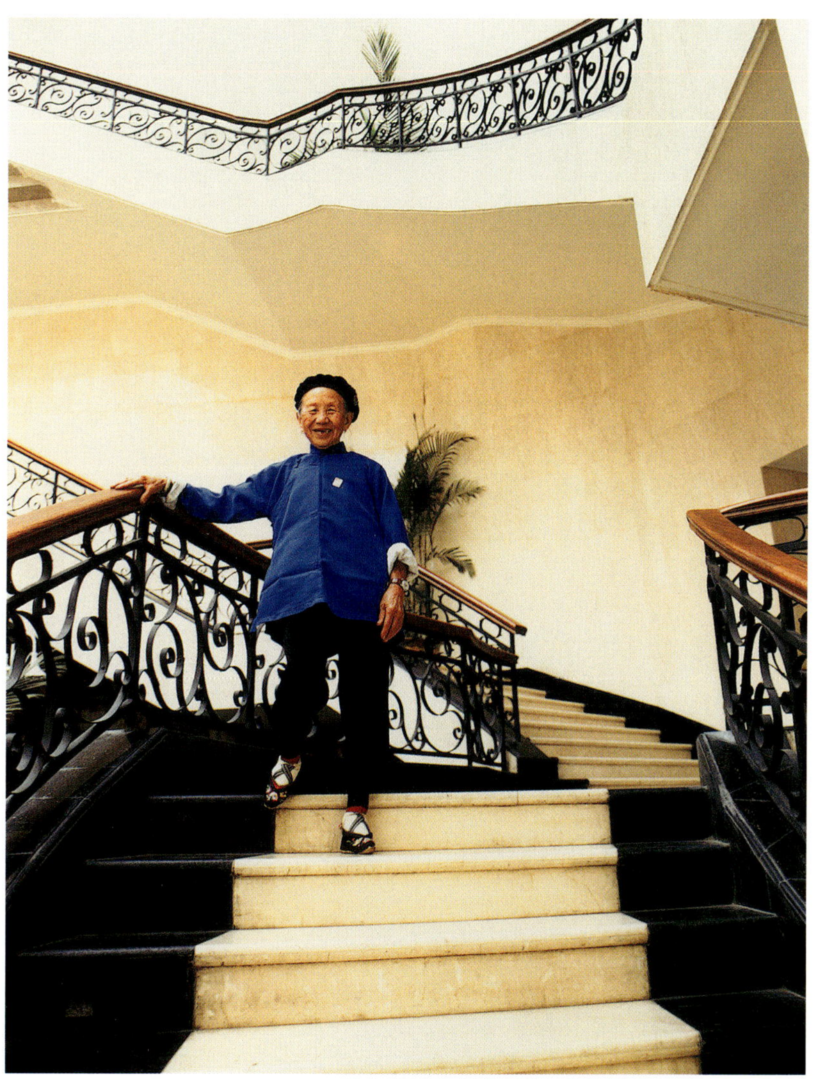

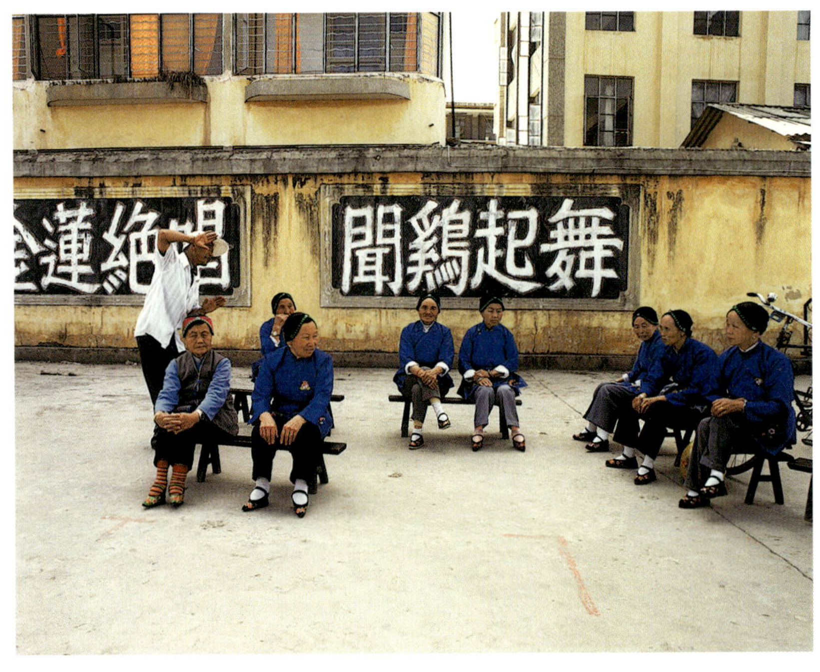
唱絕蓮空
聞鶏起舞

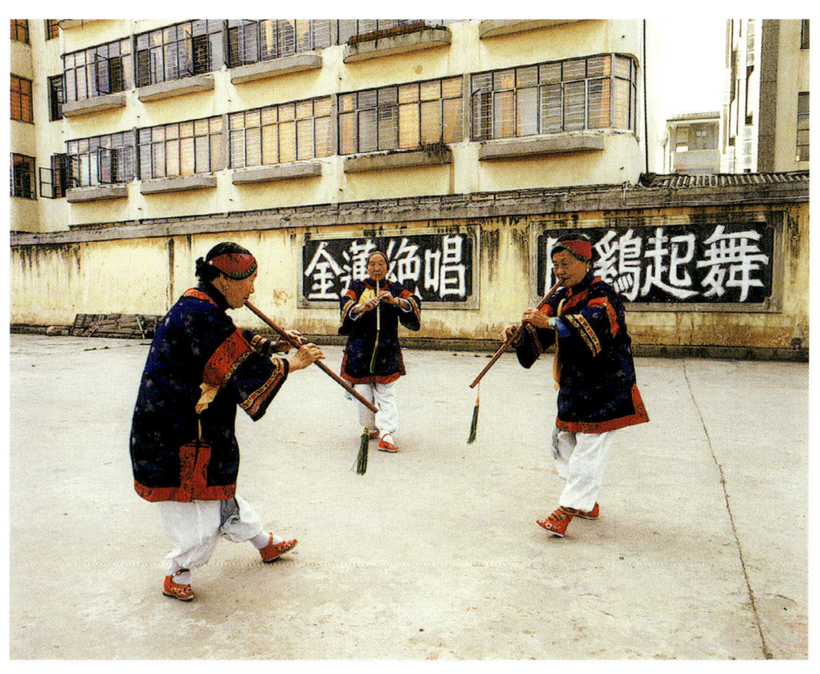

唱熄灯金
舞起鶏日

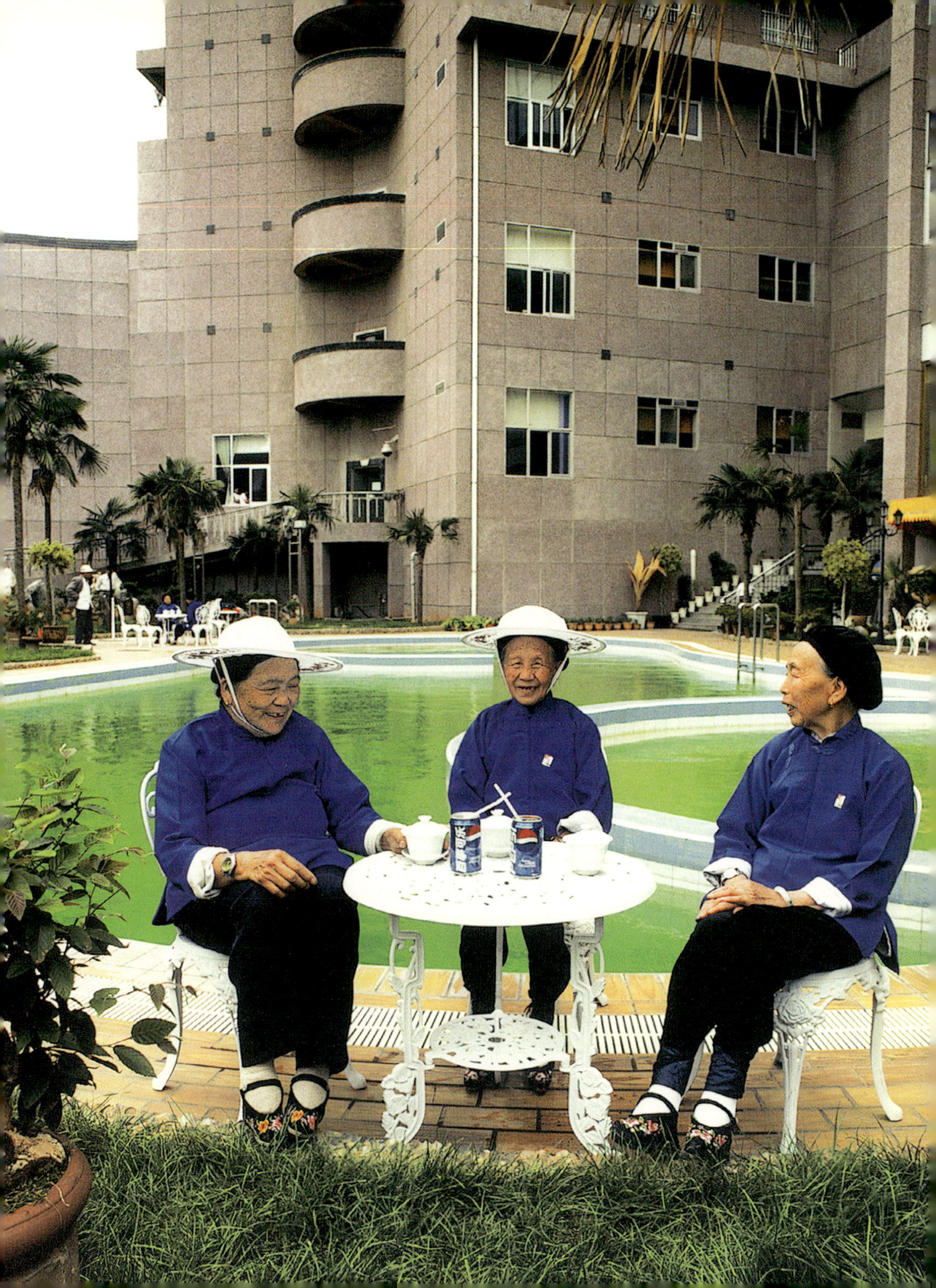

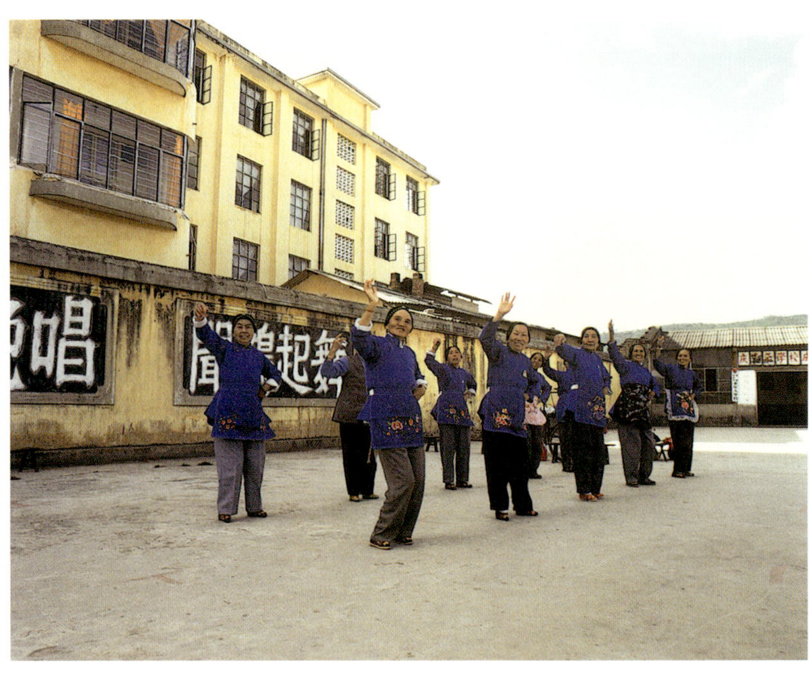

1945 geb. / born in Stadtoldendorf
lebt / lives in München

**Einzelausstellungen (Auswahl) /
Solo Shows (Selection)**
1990 Städtische Galerie im Lenbachhaus Kunstforum, München. 1994 Fotomuseum im Stadtmuseum München. Cordonhaus, Cham. 1995 Museum am Ostwall, Dortmund. Wunden der Erinnerung, ein europäisches Projekt mit Andreas von Weizsäcker, Haus der Kunst München, Fotogalerie im Deutschen Historischen Museum Berlin, Kunsthal Rotterdam, Centrum Stuki Warschau. 1996 Chapel Art Center Hamburg. 1997 Städtische Galerie im Lenbachhaus, München. Städtische Galerie Dachau. Cankarjev Dom, Ljubljana. 1998 Museum für Kunst und Kulturgeschichte, Dortmund. Galerie Rieder, München. 1999 Schindlerhaus MAK, Center for Art and Architecture, Los Angeles. 2000 Aspekte Galerie, Gasteig München. 2001 Galerie Six Friedrich & Lisa Ungar, München. Galerie Münsterland, Emsdetten, mit Felix Droese. 2002 Haus am Waldsee, Berlin. Kirche St. Markus, München. 2003 Städtische Kunstsammlungen Augsburg, Neue Galerie im Höhmannhaus.

Preise und Stipendien / Prizes and Scholarships
1988 Förderpreis der Landeshauptstadt München. Risch Art Preis. 1991 Arbeitsstipendium des Kunstfonds Bonn. 1992 Stipendium Cité Internationale des Arts, Paris. 1993 Stipendium der Prinzregent-Luitpold-Stiftung. 1994 Stipendium der Erwin-und-Gisela-von-Steiner-Stiftung. 1996 Stipendium der Ernst-Strassmann-Stiftung. Städtisches Stipendium Budapest. 1999 Institut für Auslandsbeziehungen, Stuttgart. Förderung der Kulturstiftung der Stadtsparkasse München. 2002 Kunstpreis der Landeshauptstadt München.

**Gruppenausstellungen (Auswahl) /
Group Shows (Selection)**
1988 Bezugspunkte 38/88, Steirischer Herbst, Graz. 1992 Jugend in Deutschland, Domfenster Schwerin. Magia Naturalis, Steinerne Glocke, Prag. 1993 Subversion des Lachens, Museum am Ostwall, Dortmund. Ansichten, Städtische Galerie im Lenbachhaus, München. Scharf im Schauen, Haus der Kunst München. 1996 Künstler forschen nach Auschwitz, Neue Gesellschaft für Bildende Kunst, Berlin. Radikale Bilder, 2. Triennale der Photographie, Graz. 1997 Areopagitica, G.A.M.E.S. of Art, Mönchengladbach. Ausstellung des Gabriele-Münter-Preises, Bonn, Osnabrück, Erfurt. 1999 Verborgene Orte, Brückenkopf Remagen. 2000 Das Gedächtnis öffnet seine Tore, Städtische Galerie im Lenbachhaus, München. Forever Dortmund, Museum für Kunst und Kulturgeschichte, Dortmund. 2001 Du bist die Welt, Wiener Festwochen, Künstlerhaus Wien. 2002 Eva und die Schlange, Kunstverein Schloß Bodenburg, Salzdetfurth. Wegziehen, Frauenmuseum Bonn. 2003 Madonna, Diözesanmuseum, Freising.

© 2003 Kehrer Verlag Heidelberg,
Beate Passow und / and Thomas Elsen

Dieses Buch erscheint in der Reihe
edition galerie des Kehrer Verlags Heidelberg /
This book is published in the series
edition galerie of the Kehrer Verlag Heidelberg.

Herausgeber / Editor: Städtische Kunstsammlungen
Augsburg, Neue Galerie im Höhmannhaus

Text / Contribution: Thomas Elsen

Übersetzung / Translation: Mitch Cohen

Verlagslektorat / Proofreading: Katrin Zuschlag

Gedruckt auf / Printed on: PhoeniXmotion Xantur
150 g/m², Scheufelen / Römerturm

Gestaltung und Herstellung / Design and production:
Kehrer Design Heidelberg

ISBN 3-936 636-11-7
Kehrer Verlag Heidelberg

Mit freundlicher Unterstützung von /
With kind support by

16 Fotografien der Serie im Format 120 x 140 cm
bzw. 140 x 120 cm werden vom 24.7. bis zum
14.9.2003 in der Ausstellung *Lotuslillies* in den
Städtischen Kunstsammlungen Augsburg, Neue
Galerie im Höhmannhaus gezeigt. Die Fotografie
auf Seite 30 ist eine freundliche Leihgabe der
Städtischen Galerie im Lenbachhaus, München /
16 photographs from the series in the format
120 x 140 cm or 140 x 120 cm will be shown from
July 24 to Sept. 14, 2003 at the exhibition *Lotuslillies*
in the Städtische Kunstsammlungen Augsburg,
Neue Galerie im Höhmannhaus. The photograph
on page 30 is a loan by courtesy of the Städtische
Galerie im Lenbachhaus, Munich.

Bibliografische Information
Der Deutschen Bibliothek
Die Deutsche Bibliothek verzeichnet diese
Publikation in der Deutschen Nationalbibliografie;
detaillierte bibliografische Daten sind
im Internet über http://dnb.ddb.de abrufbar.

Bibliographic information published by
Die Deutsche Bibliothek
Die Deutsche Bibliothek lists this publication in
the Deutsche Nationalbibliografie; detailed
bibliographic data is available in the Internet at
http://dnb.ddb.de.

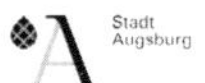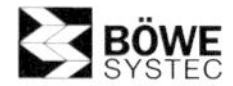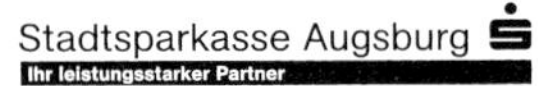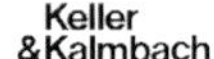